U0939714

上海市学校心理健康教育 | 少儿心理健康教育漫画
黄晞建名师工作室 | 系列丛书

来来的未来

温暖◎著　王佳琦 顾心怡◎绘

格致出版社　上海人民出版社

序

亲爱的同学们，随着你们身心的发展，受到更多来自社会、家庭、学校等环境的影响，你们对老师、小伙伴们更敏感，也有了更多的关注。在生活经验不断积累的过程中，你们逐渐形成了自己的人际交往能力、认知能力、学习能力，并对未来充满期待。而日常生活中，大家常常习惯以“我喜欢……”“我讨厌……”等句型随意表达对朋友或学习的态度。怎样才能快乐生活，拥有更多的好朋友，又能轻松学习，并拥有灿烂的未来呢？这套心理健康教育漫画系列丛书，以四格或多格漫画的形式，陪伴你一起面对这些至关重要的人生命题。

我们的这套心理健康教育漫画系列丛书共分为四册，主要面向 4—9 年级的学生。主要聚焦于与你们密切相关的主题——人际交往、情绪调适、学习生活、未来发展。我们用大家喜闻乐见的漫画形式引出多样化的问题，并辅以“成长絮语”从心理角度做一些分析或给出一些积极的建议。去除复杂高深的专业心理术语外壳，希望同学们在轻松愉悦的阅读时光中得到心灵的感悟和收获。

亲爱的同学们，如果你们在阅读过程中有任何问题、感想或建议，欢迎给我们写信喔，你们的专属邮箱是 cymhxl@sina.com。听说如果你的建议被采纳，还有精美奖品呢。

好了，不影响你们的阅读时间了，祝你们的生活布满阳光，快乐每一天。

你们的好朋友：黄晞建

上海市学校心理健康教育名师

中国心理卫生协会大学生心理咨询专业委员会副主任

目　录

登场人物一览

来来（图①）

男，六年级。学习不理想，没有突出才艺，玩是一等大事。追追猫，逗逗狗，坏点子层出不穷。虽然想到作业就头疼，拖延症不断加剧，但是有时也想改变自己，为此内心感到矛盾和挣扎。

月月（图②）

来来的同班同学。性格乖巧，学习成绩很好。

学霸（图③）

来来崇拜的对象，学习成绩好，又会玩，让人羡慕嫉妒恨。

鱼蛋（图④）

来来的死党兼同桌。长相一般，学习成绩垫底，贪玩，不思进取，得过且过。

司老师（图⑤）

来来的班主任，对学生要求严格，学生犯错误时最不愿也最怕见到的人。

来妈（图⑥）

一心只要求来来学习成绩的偏执“虎妈”。

来爸（图⑦）

一个家庭妇男，“妻管严”。

被问千遍不厌倦：长大了，你想干什么？

做老师，给小朋友分点心，
这是保育阿姨的活儿……
给你！
牛奶

做警察，抓坏人，
警察不都是刑警喔，
也有交警、户籍警……
站住！
我是警察！

做科学家上太空……
宇航员才上太空……
报告，发现
鱼蛋星人！

我都不知道你原来那么有理想的喔。
哈哈哈。
还能不能
愉快地说话啦。
好好，
你说，我听着就是，
我是伟大的心灵导师喔！

我认真地想了一晚上，我想当职业玩家，那样就不用躲厕所里奋战了，可以光明正大地打游戏，而且收入很不错。
敢嘲笑哥，你欠揍呐！

可我表哥说职业玩家那是吃青春饭的呀。
啥啥，青春饭？
游戏更新可快啦！三年级时你玩的游戏还记得吗？
那又怎样？

我表哥干了两三年就干不动了，说是新人可畏呀，他才25岁呢……
现在准备转去策划开发游戏了，不过他说得先回学校学编程、营销企划什么的。
奋斗
啊啊啊，还是要读书呀！
就是这么苦啊！

那我再想想，再想想……

“长大了，你想干什么？”以前和小伙伴一起聊这个问题时，答案可谓五花八门。现在想来那时虽然有些天马行空，有些异想天开，不过很有趣，也很有意义。因为每个人都在自由畅想着未来，思考着自己的目标，使自己每天的读书学习变得具有贴合自己梦想实现的现实意义和价值。

你可能会说：有梦想当然是一件很美好、很重要的事，但梦想对我来说好遥远，我只是普通学生。每天被父母和老师盯着写作业、背课文、做卷子，畅谈梦想根本不在我的行事日程上，我没有时间和力气去祈望自己的梦想。不过，你是否偶尔也会问自己每天埋在成堆的课本、习题卷里究竟是为了什么？

这个问题我也问过自己，那时我总想着要逃开繁复恼人的课业学习，所以就想将职业玩家作为自己的理想职业，总以为当上职业玩家就可以过上轻松愉悦的生活。但很快，我从旁人的经验中发现原来这不是那么容易的，也没有想象中轻松好玩。不过，幸运的是，我因此把梦想这件事放在了心上，发现每天的课业学习和课外兴趣都与梦想的实现有着或远或近的关联。学习是实现梦想的路途中很基础、很必需的一段，这一路我获得了父母的理解和支持，我们会一起讨论做职业玩家要具备的学识素养和专业技能、它的发展前景和时间支配模式。现在想来，那时的梦想可能只是天马行空，却也可能是终身成就的起点！我虽然没有成为职业玩家，但在不断澄清和追逐这个梦想的过程中，不断累积的知识经验、拓展的视野格局，让我成就了今天的自己，我对现在的自己很满意！

我的未来生涯需要规划吗？

孺子可教也。
嗯

话说昨晚我妈给我看了她朋友圈里疯传的一个又悲又喜的高一哥哥手绘版生涯规划图。
什么什么？
生涯规划是什么呀？
和你有什么关系？
自己去百度。
你就给我说说呗。

看你还算虚心，那来来老师给你简单科普一下。

生涯规划也叫“人生规划”，是依据自己的兴趣、爱好、能力、价值观综合分析与权衡，结合时代特点，确定奋斗目标，为实现这一理想目标做出行之有效的计划。

听起来好有内涵喔。
可是感觉离我好远呀。

我也这么感觉呀。世界变化得那么快，随遇而安不是更好嘛！
对呀，对呀！

可我妈说了，人生虽然有很多无法预测的事情，但我们还是可以通过规划，让目标更明确、更聚焦，即使外界有变化，我们也能从容应对。
今晚少打5分钟游戏，思考一下这个规划问题。

我准备每晚思考5分钟，也画个规划图。
你准备做别人家的孩子了呀！！

成长絮语

人生说长不长，说短也不短，在这不长不短的一生中我们要扮演各种角色。读什么学校，选什么样的工作，过什么样的生活，都是生涯规划的重要内容。规划很重要，因为它决定了你未来生活和发展的路径，让你每一天的生活更有目标、方向和意义，最终成就理想的自己。

记得初中时，我参加过一个名为“我的未来不是梦”的系列辅导活动，组织辅导活动的老师带领我们通过测评、游戏来探索和了解自身的兴趣爱好、能力特长和个性特征，让我们的自我认识变得更为积极，让我们有意识地去关注自己的自控力和适应能力，让我们知道了“生涯规划”这个名词。老师还安排我们到学校周边的企事业单位短期实习，让我们得以接触学校外的世界，对“社会”这个多义词有了更直观的理解。我与“社会”密不可分，也意识到责任不是口头说说，而是可以落实到每一个行动中。社会的发展不会停歇，今天的学习是为顺应未来发展做准备、打基础。试试做学业规划，与父母一起制定合适的学业发展目标和计划，在学业规划的基础上，留心自己所喜欢行业的发展动态对从业人员的素养要求，初步设计未来职业的发展路径。“每天少打 5 分钟游戏，思考一下规划”可能无法真的每天做到，但阶段性地停下来思考一下个人规划应该是可以做到的，而且很有必要这样做。

“学海”航行多年，我为了什么？

让那好小子继续去读书呗！
你够了喔！

咳，和你说正经的。
好好，你说我听着呐。

上次某老师说读书学习是为了做一个大写的人！
啥大写小写的？不就一撇一捺嘛！

说你没心没肺你还不承认。
哼！

「学海」航行多年，我为了什么？

上学好累，要读好久好久的书，到底为了什么呢？这个问题可能没有一个大家一致认可的准确答案。不过，通过读书可以获取一些知识和技能，这应该是没有异议的。读书可以潜移默化地改变人的思想，甚至行为，这种感觉大家应该都有所体会。上学读书的经历是对思想进行塑造与雕琢的过程，是不容错过的一种人生体验，会让你看到不一样的世界，也会让你有足够的储备以做出对自己、对别人更好的生活选择。

用功学习不是要跟别人比成绩，而是希望自己将来可以拥有更多选择的权利。选择有意义且喜欢的工作生活，当工作生活使心中充满满足感时，成就感和快乐也会随之而来。经年的学习能让自己对人生有更好、更大的把握，支撑起自己的信仰和梦想，有力量为家庭、为社会贡献更多。一旦遇到繁杂世事和困难曲折，学习的积淀和养成的品格能让你坚持、坚定地努力，决不退缩，直至成为一个“大写”的人，人生永远充满希望和生机。

我一直想问：真有三百六十行吗？

随着社会发展，还会有新的行业出现，
当然旧的也有可能消亡。
再提醒你一句，新的虽诱人，
但入行需谨慎喔！
看不出来，
你懂得还真多。
那是，我不是
一直在思考
我的未来人生嘛！
哟，还喘上了。
哼……
哥，
我错了还不行嘛？

社会飞速发展，“新经济”层出不穷，催生了“新职业”，不断更新着国家职业资格目录清单。清单显示，原来的三百六十行正向着新的三千六百行迈进。“工作”的内涵和外延正在不断扩展。然而，从某种意义上来说新工作、新职业其实也并不是全新的，它是有脉络可循的。换句话说，没有完全意义上的新职业，只是在互联网元素、在细分需求的推动下，原有职业的基础上添加了新的工作内容，比如兽医可转型成宠物美容师、会开车的普通人可转型成专车司机、邮递员可转型成快递员。

不论行业如何演变，每个行业都会有优秀的人，职业没有贵贱之分，只要认真，都能做好。新时代充满机会：如果有雄心，又不乏坚毅，那么不管从何处起步，都可以沿着自己选择的道路登上行业的尖峰。当然前提是，你必须成为自己的首席执行官，对自己有深刻的认识，清楚自己的优点和缺点。你也可以和长辈聊聊他们正在从事或从事过的工作，听听他们的经验和教训。你还可以抓住生活中的各种机会观察各个行业的工作内容和状态，主动和他们聊聊。这些会让你知道何时该做出抉择，知道适时调整行进步调，为未来可能的职业生涯做好准备。

我想子承父业吗？

你咋头歪眼斜的哈！

哎哟哎哟，痛痛痛~
怎么了？不就轻拍了一下，娇气得可以呀。

这两晚都窝在被窝里打游戏到凌晨2点，估计姿势久了，抽筋了，一动一碰就发麻地疼！
来来来，我给你按按。

你会吗？
小瞧我了吧，我可是中医世家第八代传人。

新闻呀！
你咋就世家？
我咋就不可以了呢？
告诉你，我爷爷的爷爷的
爷爷的爸爸是宫廷御医，
换现在就是国医大家！

停停停，那也是你爷爷的
爷爷的爷爷的爸爸，就你个不学
无术的也好意思吹。
找打呀！！

我错了，你爷爷的爷爷的
爷爷的爸爸，我是没见过……
呵呵，见过那
就是见鬼了。

不过你爸看上去还
是靠谱的，咋就生了
你这个不靠谱的？
还找打呀！！！

停停停！为了祖国的传统文化，为了你成为优秀的第八代传人，兄弟我牺牲一下，让你练练手吧！！

小样！
哎哟，哥手下留情，手下留情！

都5分钟了……
瞎叫唤什么，疼就对了，我的手法对你这种小问题够够的。

等今晚回家向老爸学一手，明天包治好你！嘿嘿

成长絮语

代际传承或者说“子承父业”在很长一段时间里都是保持我国传统文化及技艺延续和发展的有效方式之一。年轻人往往不愿意受到祖业的束缚，在生涯的选择上更愿意有机会跳脱出祖辈的框框，有时在职业选择上与长辈会有些冲突。你想突破家族传统职业，但其实很难屏蔽家族职业和价值观对你的影响。记得那时心理老师用生涯家谱帮我们看到职业在家族内的联结，用符号、连线、注释等清晰地梳理出家族成员几代之间在职业上的经纬结构。通过家谱，可以观察和审视自己个人选择意向与家族的关联，回头再思考自己传承家业或家族优势职业的意愿、可能、付出与回报。

当然，今天我们在注重传承的同时会看重契合当前时代发展的创新。知识和技艺在不断的承继和创新中发展，在承继中创新，在创新中承继，继承不等于守旧，继承必须要有对传统的突破。吸取你的前辈所做的一切，然后再往前走一步、两步，乃至更多步。有一天，你所取得的一切成就也将被后人所承继。

我能否成为“斜杠族”人？

我立志做“斜杠”青年！！
啥？

你也太没见识了。
我给你科普一下。
看你得瑟样！

“斜杠”青年就是不满足“专一职业”的生活方式，主动选择拥有多重职业和多重身份生活的有志青年。“斜杠”越多越厉害！！！
比如？

中医师/游戏玩家/运动员/社会活动家。
那么厉害啊！
有点“政治家、军事家、哲学家、文学家、思想家”的意思喔！

也对喔，那我就是“顿号”青年。

你有那么高端大气上档次吗？
我说了，我立志做。

可这是不是有点三心二意了吗？一心一意才是好品质呐。
你懂什么。一心一意太传统，“三心二意”才够“in ”。懂吗？打卡下班，换身妆点，当个健身教练，做个私厨，开个网店……忙碌地旋转，自在地享受。

哦哦，那我就不用听你抱怨“空虚寂寞冷”了。就是你这有志青年也太小家子气了些。

年轻人大多崇尚自由，喜欢随性、轻松、新鲜，也喜欢彰显自己的个性，如今的多彩世界也让大家的生活工作越来越多元化。不过，在追求随性自由时千万请记得：你必须具备“一技之长”，因为如果不能创造独一无二的价值，你可能会被另一个人代替；你必须有一定的经济头脑，至少要懂得如何计算投入产出比；你必须有管理能力，你是你自己的雇员，管理自己是创造效率的唯一办法；你必须有独立解决问题的能力；你必须懂得自我平衡，不能因为众多“斜杠”而导致生活无序。如果能做到这些，你可以考虑尝试做一个“顿号”青年！

当然，“顿号”青年的生活方式不一定适合每一个人，毕竟它需要在各种工作角色中转换，而且还有各个工作都做不好更做不精的风险。如果风险太大收益又不足的话，专注地投入一个领域、做好一份工作也是极好的，也更能取得成就。追逐“斜杠”生活务必谨慎，“一人多职”或者说多重职业的追求更需要你“全心全意”的对待和付出。

我究竟有没有志趣呀？！

你说说，我是三分钟热度的人嘛？
是嘛是嘛？
你自己说呢？

我觉得我不是，
我很有长性的。
比如说？

你知道的呀，我对游戏就很有兴趣的，
热了那么多年了。
这叫兴趣？

这不叫兴趣叫什么？
兴趣是
有层级、有高度的东西喔！

打游戏我俩都有兴趣，
打的时候也确实开心，
但如果可以有其他的选择，比如外出野营探险，
不打也没关系啦，对么？
所以这是兴趣金字塔的最底层——直觉兴趣。
喔喔。

直觉兴趣慢慢上升，
比如从野营探险到思考成为陆战队员
或从事野外探测工作，
就把兴趣提升至了自觉兴趣。
自觉兴趣会长久。
还有么？有么？

在直觉兴趣的慢慢探索中不断累积乐趣，
会激发深一层的内在动机喔，
这时就到了兴趣金字塔的顶端——志趣。
可是，世界那么大，
诱惑那么多，
到底哪一个乐趣
能够成为我的志趣，
带我穿越无常的一生？

成长絮语

当我们作自我介绍或是被别人问起有什么兴趣时，常常会回答喜欢阅读、写作、旅行、摄影、跑步、瑜伽等，这些基本都只属于感官（直觉）兴趣，它处于兴趣金字塔的最底层，当有其他更吸引人的事情时你可能会转身而去。只有当你将感兴趣的事情做了一遍又一遍，一有机会就会去做时，直觉兴趣才会慢慢上升，在积极情绪的鼓舞下，从简单感官推向深入思维，产生更加持久的兴趣——自觉兴趣。自觉兴趣会增加自我认知，让人从兴趣中找到乐趣。不断积累的乐趣，会把你喜欢的事情上升为志趣。志趣的高级不仅在于有感官和认知能力，还在于它能更深一层地激发内在动机——志向与价值观，而这恰恰是推动你生涯抉择与发展的根本力量。

志趣显然不会凭空而来，可能需要家长支持你在很长一段时间里去参加各种活动，尝试各种事物。有些活动可能和你的课业学习关联不大，但投身其中时却觉得轻松快乐，而且愿意开动大脑去尝试创造一些有新意的东西。然后你可以整理列出那些你比较喜欢参加的活动或喜欢做的事情，从中再挑出一些坚持了比较久的。考虑到时间精力有限，最后你可以在这些中挑出三件最想坚持参加的活动或最想做的事情，做成小海报或小台历，放在你抬眼就能看到的地方。你可以不断往上添加收获或心得，随着学业阶段的完成，它会有助于你选择学校、专业、工作，并更好地生活。

我是混合型学习者吗?

不好好做题，
你在干什么呀？！
背课文！！
语文

背个课文要你转来转去、
跳来跳去的？
不跳背不出来啦！！

？？？？
啥啥啥？
啥叫不跳
背不出啊？

你忽悠你妈呐？
老师说我就是个
动觉学习者。边动作边
动脑，学习效率更高。
语文

妈，我说的是真的。上节心理课老师讲了学习风格，说是有视觉型、听觉型，而我就属于为数不多的动觉型学习者。
语文

你还有认真听的课呀？！
妈……心理课不刷题不背书，活动多多，还能听听！
语文

所以你就边跳边背……
这是我自创的，编的动作和课文内容配合得好，背出率高了不少，哇哈哈哇哈哈。

瞧你得意的呦。那你好好跳，不，好好背。妈给你炖好吃的去！
语文

成长絮语

学习风格是指人在学习时所具有的或偏爱的方式，更专业一点来说就是指一个人在学习的过程中接收信息—保留信息—处理信息的主观偏好方式。由于先天基因遗传造成脑细胞分布比例的不同，形成了个人的学习方式的优先次序。学习风格的差异会跟随人一辈子。

以动觉型学习者为例，他们不善于从书本中接受知识，往往要借助实际操作进行学习，否则学习效率就比较差。他们喜欢运用身体的移动和活动来练习和理解知识。不同的学习风格并无高低、对错、好坏之分，也不涉及能力问题，只是不同的人有不同的惯用方式。了解自己的学习风格，找到契合的方法，能确保学习效率就好。

再说说其他学习风格。首先是视觉型学习者，多数人属于这一分类，他们比较容易接受视觉信息，会把学习内容在脑海中组成图像和画面。讲授者的板书、自己的随堂笔记，还有电影、电视、幻灯片、计算机等以视觉形式呈现的信息，会让学习效率提高。而听觉型学习者则比较容易接受听觉信息。他们更容易理解、记住老师嘴上讲解的知识内容，所以喜欢听老师讲课，但不喜欢做笔记。这一类学习者愿意复述所学的东西，愿意和他人进行讨论，通过倾听别人讲的内容来学习。

你可能不是某个典型风格的学习者，但你个别化的学习风格真实地作用于你的课业学习，也会贯穿影响你未来的职业生涯。它是你应对新工作任务的反应方式。所以，寻找到符合你的风格的工作内容、工作环境、工作伙伴很重要，那会让你的职业生涯更顺畅，更有成就感。

我的木桶需要倾斜多少度？

你给我说清楚。

你老让我补英语，补了又补，补了还补，说是不能偏科，要补短处。那是旧木桶理论的观点，旧了过时了，知道不！

不知道！！我只知道你不补短处，就是个瘸子，你的几科总分就上不去，上不去！！知道不！！

还能安静让我说话嘛？
看你能说出什么来……

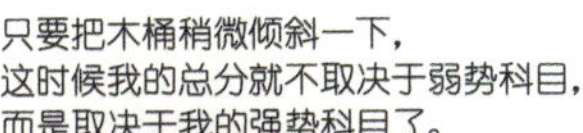
只要把木桶稍微倾斜一下，
这时候我的总分就不取决于弱势科目，
而是取决于我的强势科目了。

木桶理论
斜木桶理论

继续说~~~
我只要发挥我英语正常的中下水平，语文保持中等水平，数学上加强发挥就可以提升总分啦。

你不准动手喔！
心特别无奈和疲累。我说的是真话，放空状态，否则觉得浪费时间和精力，我根本补不进，只能让自己进入最关键你逼我补英语，

我可以把无效的痛苦的英语“补短”时间用到高效的愉快的有潜能的数学、物理、地理上。
我不揍你，你继续说~~~

物理
数学
地理
那我给你去报数学班、物理班，不知道有地理班嘛？

……

有人会采用 SWOT 分析法来剖析自己，决定如何修补或安置自己的“能力水桶”来帮助自己做出合适的学涯、职涯或生涯规划。某位八年级同学的自我 SWOT 分析如下：

· S（Strengths）——优势

（1）热爱生活，独立勇敢，责任心强，对未来充满向往。

（2）物理和数学两科的学习比较轻松。

（3）愿意创造性地解决学习困难。

· W（Weaknesses）——劣势

（1）目标性有所欠缺，对于读书学习的动机还不明确。

（2）学习英语很费劲。

（3）不太能承受高强度的学习要求。

· O（Opportunities）——机会

（1）离初中毕业还有一年半。

（2）好朋友的英语不错，是个好资源。

（3）开始思考升学方向，考察比较各所高中、中职。

· T（Threats）——威胁

（1）一年半时间说长不长、说短不短。

（2）同学们的目标好像都很清晰，我有点落后。

SWOT 分析可能不足以辨清你究竟是全才、不才或是偏才。全才的理想很美好，不才的现实很无奈，偏才的境遇不可期。各种“才”品牌的木桶造型可能不太相同，每一种因“才”制宜的话，都可以装入更多的水。曾经，木桶原理告诉大家：一个木桶能装多少水，取决于最短的那根木板，因此我们要取长补短，全面发展。后来，新木桶原理又告诉大家：一个木桶装水的多少，并不仅仅取决于短板，当我们把木桶倾斜一定角度后所能装的水，才是木桶真正的容量，因此木桶倾斜方向的板越长，装的水越多。新木桶原理则告诉我们，不要被短板束缚，发挥自己的优势才是关键。木桶如何放置直接影响储水量，木桶正放时其水量取决于短板，木桶侧放到合适角度时其水量就更多取决于长板了。当然，扬长补短可以获得更多的储水量喔！

我能俘获天使投资人的青睐吗?

我在认真和你说话呢：
我在想我能不能协助我爸开发个中医精准认穴APP、中医经典养生方APP、中医健身功法体验APP之类的？
中医养生
精准认穴中医
中医健身功法

然后呢？
找天使投资人投资我的这些中医公共卫生服务计划呀，推进中医治未病的宣传和服务，传播中医药文化。

哇哦，你居然已经有了如此宏大的计划了！我可以帮你做点什么？

这才像兄弟说的话。

成长絮语

很多年轻人都愿意尝试自主创业，因为自由度高，可以少受约束。他们可能确实有不错的点子。然而，创业需要不小的资金支持，即便顺利，实现盈利可能也要一个较长的周期，而且，为了后续扩展规模，可能还需要不断的资金投入。资金对有意向创业的人来说都是件无法回避的问题，因而获得拥有资本的人士或财团的青睐就很重要。有一类拥有雄厚资本且有投资意向的人被称为天使投资人，他们可能本身就是企业家，了解创业者面对的难处，会提供更适合创业起步者最佳的融资方式。当然，天使投资人也许不只是企业家或高收入人士，他们也可以是你的邻居亲朋，或任何愿意信任你并投资你的人。

有高精尖专业技术含量的创业之路比加盟已有连锁店要艰难

许多，不是有资金就一定能创业成功。如果有创业梦想，请一定要记得：要有打持久战的心理准备，有不轻易被别人意见左右的定力，有激情和想象力，有宽广的团队意识，有不断接受新观念、新事物的领悟，也要有良好的生活习惯和健康的身体。创业是自我成就的机会，同时也是一种奉献、一种责任、一种冒险。创业很诱人，但不是那么容易。只有经历磨练和风雨，洗去幼稚和单纯，变得成熟和干练，才能最终取得胜利。

我能试驾"生涯大站车"吗？

又到期末了，七年级就要过去了，八年级就要来了。
English

是呀。想当初咱俩携手进的小学，五年的时光嗖的一下就闪过了，现在又嗖的一下，初中就闪过了。
开学典礼
证书
证书

你说我俩该何去何从呀？
我妈说再差也得挤进高中。你呢？
唉！

家庭会议多次开会讨论未果，不过我这成绩，你懂的。

我妈好像在打听“中高贯通”“中本贯通”“高本贯通”的政策。
我懂，可问题还是你咋办呐？
English

那是什么？
English

简单地讲就是学习应用型的技能，不愁以后的工作，又能在学历上有晋级的机会。
哟，看来我白操心了，你都有方向了。

那是，总得给自己谋出路吧。
是你妈你爸比较开明，好不好！

你妈也是为你着想，你不是说要发扬海派中医吗？
没个博士文凭，真没底气的呀。

唉，也是。那我就要走高中一全日制本科一研究生这条常规升学线路啦。

听着就好高大上！

路漫漫其修远兮，吾将上下而求索。

在高中阶段教育普及水平不断提高的背景下，升入普通高中走向高等教育还是选择中等职业学校进入职业教育，对我们自身发展有重要的现实意义。国家的创新驱动发展需要高端人才和产业技能人才，产学研结合的创新人才培养新模式正在不断推进。因此无论选择普高还是职高，都须有成为社会所需要的高学识高素质研究型和技术型人才的准备。

一段时间以来，大家认同的“生涯大战车”路线是：小学—初中—普通高中—全日制本科—高校研究生院。其实这条线路并不一定适合所有人，因此有必要在全面审视自己的同时，密切关注教育招考政策，和家长、老师一起厘清你想走和能走的国内升学道路。

以近年开启的“中本贯通”为例，来看看你的“生涯大战车”新开线路将开往何方，它中途停靠站的情况又是如何。“中本贯通”学制一般为七年，试点专业主要为技术技能型。中职生毕业后，可通过转段考试升为本科。无需高考就能直接读本科，这是真的么？不用高考，意味着不用像普通高中生一样经历残酷的高考选拔，虽不能进名校，但能够拿个本科文凭并且拥有社会紧缺的一技之长，这样就业就不会有太大问题，这看起来是个非常划算的选择。不过要注意，“中本贯通”的全称是中等职业教育一应用本科教育。所谓应用本科和普通本科是有区别的：前者的培养目标是适应生产、建设、管理、服务第一线需要的高等技术应用型人才，以培养技术应用能力为主；后者的培养目标是学科型、学术型、研究型人才，以培养综合能力和素质为主。

搭乘"世界号游学轮"，我会晕船吗？

妈，我想去国外游学。
啥？

××暑假去冰岛游学了。
哦。人家是学霸，你个学弱凑什么热闹？

我没闹，我和鱼蛋都查好了。
bala
bala …
冰岛游学日程、费用……

这费用你有？你存折上有多少？
不就是不够，才和你讲的嘛？
嘻~

钱不够想到妈啦 。
妈平时让你认真学习、
好好学习，怎么没见
你上心呢？
balabala...

你平时袜子都不洗一只，书本
今天漏带这个明天少带那个，你觉得
一个人去游学两个月，能过成啥样，
能学到啥？
鱼蛋说好
和我一起的。

就你俩？！
等你这次
期中各科
考到80再
说吧。

那说好了，我这次考到了80，
你出钱让我去游学。
80哦，不能更多咯。

就80。
你妈说话算话，就当花钱送你出国旅游了。

君子一言，驷马难追。我看书去了！！

棒子打着都不肯学，现在居然自愿去学了。
学习中

难得，盼这小子有长性些。

成长絮语

游学古已有之，它是世界各国最为传统的学习教育方式之一。现代游学是随着世界和平潮流和全球化发展进程而产生的，逐渐成为一种国际性跨文化体验式教育模式。游学期间，学习语言课程、参观当地名校、就读于当地学校、入住寄宿家庭、参观游览国外的历史名胜和文化地标，是学和游的结合，是“行万里路，破万卷书”的体验。游学绝不是享受，而是一种感受，亲身体验异域风土人情，接受异域文化氛围熏陶，增加生活磨练，提高独立自主能力，增长阅历和见识，培养全球化视角的思维习惯，为出国留学或未来更好地学习做准备。

现在出国留学已是比较常见的事情，但凡事都有双面性，它也不例外，理性思考出国留学这件事就变得十分重要。留学为接触世界提供了一个不错的平台，能够让你近距离了解各种文化，接触各种看法，让你对世界的看法更加全面，完善你的世界观。留学生活对你的毅力和独立生活能力也是一种极好的锻炼，能很好地培养吃苦精神。但是，语言与文化的差异所带来的冲击有时会让年轻的你无所适从。而且，国外大学大多宽进严出，你可能会发现毕业没有想象中那么容易，有时甚至可能难到让你想放弃。因此务必慎重决定，一旦决定了就请坚持到底！

我能拥有“最强大脑”吗？

《最强大脑》那个节目看了没？

看了，也就这类节目我妈会让我看，然后在旁边不停地说你看看别人家的孩子。

也是，如果我俩有那样的脑子，读书那还是问题嘛？
是呀。轻松的事呀。不过真的有这样的人吗？不会是节目效果吧？

应该不会吧！上次那个迷宫行者，有专家展示了他的磁共振脑成像，其中在决定自我空间定位中起关键作用的纹状体就比普通人的大很多。

啥体？
纹状体。
…

好吧，
那就是人家天赋异禀。我们没希望了。
唉

有希望的呀！
记忆曲线的那个冠军说啦，她花了一个多月“背”了三万多张分时图。
奋斗

哦，原来她也是“背”了。
斗

我爸说了最强大脑我们是不用想了，
但勤用用我们这个普通大脑吧，
还是会有超常发挥的可能的。
奋斗
啪
啪

所以你知道了纹状体、分时图……

再给你这个二傻子讲一遍，就记得更牢了，哈哈！
正确的打开方式就是勤学好问！

你才二傻呢！！

成长絮语

天赋是人与生俱来的生理特点，它是成长之前就已经具备的成长特性，是后天才智发展的物质基础。如由于人与人的大脑生理结构会存在某些差别，某些人对一些事物或在一些领域具备天生擅长的能力，可以在同样经验甚至没有经验的情况下，以明显优先于其他人的速度成长起来，具有其独一性。天赋要真正成为聪明才智，必须通过后天的实践和积累才能形成。

从脑科学的视角来看，人脑是一个复杂的系统，脑科学研究正不断努力去清晰描绘神经回路、各种现象的神经基础，脑控技术也开始走出银幕剧情变成现实应用。脑科学带来了脑机交互、类脑计算的惊人成就，但最关键的应用领域还是在塑造人脑本身。学习的发生和发展是脑科学的重要研究和应用领域，知识获取、技能培养、习惯养成、行为变化、道德形成，背后都有对神经连接模式的塑造。每颗大脑都是具备个性化连接模式的神经网络，由先天基因和后天学习所塑造，并由此决定了每个人面对外界刺激的独特反应模式。因而，我们需要遵循大脑发育规律，如中学阶段是情绪动机和决策能力发展的关键期；我们需要遵循大脑分工规律，创新性思维能力、问题解决能力、社会适应能力以及领导力等的培养需要脑中不同的学习系统发挥功能才能有所提升；我们需要遵循学习和记忆的基本规律，在有效学习中，大脑才会呈现出一种特定的神经活动模式。

遵循规律，我们大脑的功能是可塑的，个性化连接模式的神经网络可以被不断加强。无需羡慕旁人，也无需依赖技术设备，只要充分把握自己的天赋特点，有意识地加以锻炼和打磨，就会拥有一颗活跃而好用的大脑。

我的元情绪强大吗？

怎么两眼呆滞呢？
没睡好。
不是
游戏玩的吧？！
当然不是
我是生气得
睡不着！

谁惹你啦？
我妈啦。昨晚一直叨叨：
××又拿了科技竞赛金奖，××钢琴过了九级，
××初中英语词汇大全已经背了三遍了。

唉唉，
好像是蛮厉害的。
你站在哪边呢？！

你冲我发火没关系，
没冲你妈发火吧？
如果发了，
估计就能好睡了。

没发好，
说明你的元情绪很强大。
啥强大？？？

元情绪呀，
就是你对自己情绪的知觉、评价、描述与监察，
比如你发现并说出你很恼火，
虽然评估下来火气还不小，
但你能控制这个坏情绪的过度发作。

心理老师说的？？
嗯嗯，就上周三你请假那天，
心理课上讲
情绪管理时提到的。

也就是，虽然我牺牲了一夜睡眠，
但其实是我的元情绪在发挥监控作用咯？
嗯嗯。

自人们将情绪也看作一种智力以来，对情绪智力的研究就不断深入。有观点认为，元情绪和情绪智力具有密切关联性，是决定个体身心健康的必要条件。元情绪是人对自我情绪的觉知、评价、描述与监察，是在特定情境下发挥出来的心理功能。人在家庭、社会生活中，会接收到复杂多变的情境或刺激传递来的多样化的信息，并根据信息做出自己情绪方面的认知、评价和监控。每个人作为元情绪的主体，根据不同情境、不同刺激源而发挥出来的心理功能会有很大的差异，例如一名学生受学校情境的影响，在课堂上对自我情绪的分析和调控，与放学后作为孩子与父母交流时对自我情绪的分析和调控会有不同。

研究将元情绪分为情绪注意、情绪清晰度和情绪恢复三个维度。情绪注意是指个体注意、思考其情感的程度；情绪清晰度是指理解自己的情绪的能力；情绪恢复指结束消极情绪状态或者延长积极情绪状态的信念。元情绪对心理健康有着积极的影响，可促进我们的心理健康水平。感知和体验、描述和表达、监控和调节情绪的能力的提升为解决自我困扰、人际冲突等常见心理问题提供了一条可训练的可改良的路径。

我有拖延的习惯吗？

奋斗
嗨！

奋斗
嗨嗨！

嗨嗨嗨。
叫你怎么不搭理呀，还是不是兄弟了？

是兄弟就别吵，
没看见我在刷题吗？
这两张卷子
上周五不就发了吗？
今天都周二啦，
你还没做好？

你这是准备拖到最后一刻来完成吗？
不是明天才考吗？

是我愿意的吗？双休补了四场，回家只想瘫在沙发上，什么卷子都不想做了，只想休息，我容易吗？

可我觉得其实是你讨厌做数学卷子，有抵触情绪，在回避任务呀。

瞪我没用。拖到现在最后一刻，你心里更不爽，因为时间那么紧迫让你更有压力啦。
你说得也对。现在怎么办？

先和我出去跑一圈，
放下情绪，然后看看剩下几题。
不多了，就两道大题。

题目都看过没？
看了一道知道怎么答，
另一道没思路。

明白的那题放一边，先看看这题。
有眉目了。

目标具体到一道题，然后分解成审题、
罗列相关公式等几个小步，
离完成就不远了。
谢谢鱼蛋老师。

平时真是小看你了。
你从哪儿偷师学的呀？
我原先拖延症比你严重得多，你是知道的。

点头

老师看我就摇头，我自己也很难受。
所以我就找心理老师问了问。
她教了我战胜拖延n招，还附加了答卷技巧喔。
就是你刚才教我的啊？

对呀，还蛮有用的。
你说呢？
算你行。
不过真要谢谢你提醒我，
我的未来规划
可不能被这拖延症耽误了。

成长絮语

很多时候我们会熬到最后一刻，才会勉强自己去完成某件事或某项任务。其实原本应是时间充裕的，但可能由于事情很多，或要完成的这件事不是出于本心想做的，就会懒得去想、去做。有个网红演讲提及“每个拖延症患者的大脑里，都住着一只及时行乐猴”，这只猴子只活在当下，只在意日常的“简单和开心”。或许，每个人的生命中都有过拖延，但作为有着理性决策能力的人必须想一下，我们真正在拖延的是什么。警惕这只猴子，让我们的学习和生活更有序，才有可能真的活得“简单和开心”。

有几招可以尝试用来应对拖延：（1）利用碎片时间。所谓“碎片时间”，就是走路、洗漱、坐车、吃饭的时间，所有这些不太费脑的时间你都可以充分利用来进行思考，反刍和消化平时看的和读的东西。这看起来可能零碎，但在日积月累中将会产生庞大的效应。例如，你“投入”地做练习卷却进展缓慢，那是因为你没有整天让要做的事情、要学习的东西常驻在大脑中，时刻给予它最高的优先级，把大脑容量分配给它。利用碎片时间会让你的思维时间被利用到极致，你投入的时间就真正等于实际流逝的时间，因为你的脑容量一直是满载的。（2）培养抗干扰能力。大脑开始一件任务需要“热身”时间，你做了两道题感觉有点累，忍不住想打开手机玩游戏。十分钟后你想起来还要继续做题，但要回到当时理想的状态，却需要一段时间来努力去集中精力，把记忆中相关的知识都激活起来才能进入做题“状态”。然而，你的记忆却因为游戏而被抑制了。所以养成超强抗干扰能力能够帮助你摒除拖延。（3）制订进度表。将目标分割成一个个的阶段目标，再将阶段目标分割成待完成事项清单，每项再配上时间节点就有了进度表。如果不作分割，整个目标对你来说就只有两种状态（“完成”和“未完成”），你不知道还需要付出多少努力才能达到目标，这会让你心生怯意，不敢进一步投入时间。但如果你对达成整个目标的几个重大步骤有清晰的界定，能够对每个步骤的耗时做出靠谱的估计，就不会对不确定的未来、不确定的时间投入感到恐惧，也就不会退缩和拖延了。

图书在版编目(CIP)数据

来来的未来/温暖著;王佳琦,顾心怡绘.—上海:格致出版社:上海人民出版社,2018.10(2020.6重印)
ISBN 978-7-5432-2921-1

Ⅰ.①来… Ⅱ.①温… ②王… ③顾… Ⅲ.①中小学生-学生生活 Ⅳ.①G635.5

中国版本图书馆CIP数据核字(2018)第190446号

责任编辑 程筠函
装帧设计 人马艺术设计·储平

少儿心理健康教育漫画系列丛书
来来的未来
温暖 著 王佳琦 顾心怡 绘

出 版 格致出版社
上海人民出版社
(200001 上海福建中路193号)
发 行 上海人民出版社发行中心
印 刷 常熟市新骅印刷有限公司
开 本 787×1092 1/24
印 张 3.5
插 页 1
字 数 33,000
版 次 2018年10月第1版
印 次 2020年6月第2次印刷
ISBN 978-7-5432-2921-1/B·36
定 价 35.00元